Aber das ist meine Freude, dass ich mich zu Gott halte und meine Zuversicht setze auf Gott den HERRN.

Psalm 73,28

Januar

Mi	Do	Fr	Sa	So	Mo	Di	Mi	Do	Fr	Sa	So	Mo	Di	Mi	Do	Fr	Sa	So	Mo	Di	Mi	Do	Fr	Sa	So	Mo	Di	Mi	Do	Fr
1	2	3	4	5	6	7	8	9	10	11	12	13	14	15	16	17	18	19	20	21	22	23	24	25	26	27	28	29	30	31

1. Neujahr

Alpen, Österreich

Herr, lehre uns beten, wie auch Johannes seine Jünger lehrte.

Lukas 11,1

Wege. Der Weg in die Nähe Gottes. Meinen Lebensweg mit ihm zusammen gehen. Wie komme ich dahin? „Lehre uns beten!“, wurde Jesus aufgefordert. Nicht: „Lehre uns predigen, Andachten halten, lehre uns Argumente gewinnen, lehre uns, unsere Talente einzusetzen!“ Die Jünger müssen eine Tiefe und Qualität in Jesu Begegnungen mit seinem himmlischen Vater gespürt haben, die ansteckend war, neidisch machte, Sehnsucht und Appetit darauf weckte, es auch so zu machen wie er. Beim Bibellesen muss meine vom Intellekt gesteuerte westliche Mentalität immer wieder ernüchtert einräumen, dass es Jesus wohl weniger darum ging, meinen Verstand zu befriedigen, als mein Herz zu bewegen und meinen Willen zu aktivieren, damit ich Jesus mit Freude gehorche und ihm mit Zuversicht und Konsequenz nachfolge. Für einen frommen Juden galt eine Sache erst dann als verstanden, wenn sie in die Tat umgesetzt war. Der Weg in die Gegenwart Gottes ist keine hohe Kunst, die zu meistern ist. Er fängt mit einer Sehnsucht an, der Sehnsucht nach ihm!

Lehre uns beten!

Text: Nicola Vollkommer
Foto: standret/Getty Images

Sehne ich mich nach Gott in diesem neuen Jahr? Wie könnten Wege in seine Gegenwart für mich aussehen?

Aber das ist meine Freude, dass ich mich zu Gott halte und meine Zuversicht setze auf Gott den HERRN. Psalm 73,28

Weg-Licht-Leben
2025
MIT RÜCKSEITENTEXTEN
VON NICOLA VOLLKOMMER
Bolanz.

Dann werdet ihr den HERRN, euren Gott, suchen. Und ihr werdet ihn finden, wenn ihr ehrlich und von ganzem Herzen nach ihm fragt.

5. Mose 4,29

Februar

Sa	So	Mo	Di	Mi	Do	Fr	Sa	So	Mo	Di	Mi	Do	Fr	Sa	So	Mo	Di	Mi	Do	Fr	Sa	So	Mo	Di	Mi	Do	Fr
1	**2**	3	4	5	6	7	8	**9**	10	11	12	13	14	15	**16**	17	18	19	20	21	22	**23**	24	25	26	27	28

**Freut euch allezeit! Betet ohne Unterlass!
Seid in allem dankbar.**

1. Thessalonicher 5,16-18

Ohne Unterlass beten

Die ganze Zeit beten? Eine ganz schön steile Aufforderung! Vergeblich suche ich nach dem Kleingedruckten oder den Zwischenklauseln in Klammern, die mir mit meinem vollen Terminkalender hier und da eine Ausnahme gönnen. Nein, auch ich soll ohne Unterlass beten. Gott sei Dank geht es hier nicht um eine weltfremde Übung für fortgeschrittene theologische Fachleute. Vielmehr geht es um eine innige Beziehung zum lebendigen Gott, die nicht auf trockene Formeln oder Mechanismen reduziert ist, auch wenn diese hilfreich sein können. Es ist eine innere Ausrichtung auf Jesus, die auch mitten im Chaos eines normalen Tagesablaufs möglich ist. Den Blickkontakt zu ihm im Herzen behalten, sein Wort immer wieder neu im Herzen bewahren – Gebet als Grundton unseres Denkens und Handelns. Die Gemeinde in Thessaloniki, an die diese Worte von Paulus gerichtet waren, hatte es mit viel größeren Strapazen und Widrigkeiten zu tun als wir. Umso mehr Grund auch für uns, ganz nahe am Herzen Gottes zu bleiben.

Text: Nicola Vollkommer Foto: alex_ugalek/Getty Images
Bibelvers 5. Mose 4,29: »Hoffnung für alle © by Biblica, Inc. ®, hrsg. von Fontis«

Was kann ich tun, um mehr Raum für die Beziehung zu Gott in meinem Alltag zu machen?

Dann werdet ihr den HERRN, euren Gott, suchen. Und ihr werdet ihn finden, wenn ihr ehrlich und von ganzem Herzen nach ihm fragt.

5. Mose 4,29

Darum wollen wir mit Zuversicht vor den Thron unseres überaus gnädigen Gottes treten, damit wir Gnade und Erbarmen finden und seine Hilfe zur rechten Zeit empfangen.

Hebräer 4,16

März

Sa	So	Mo	Di	Mi	Do	Fr	Sa	So	Mo	Di	Mi	Do	Fr	Sa	So	Mo	Di	Mi	Do	Fr	Sa	So	Mo	Di	Mi	Do	Fr	Sa	So	Mo
1	**2**	3	4	5	6	7	8	**9**	10	11	12	13	14	15	**16**	17	18	19	20	21	22	**23**	24	25	26	27	28	29	**30**	31

Cuckmere-Mündung (Cuckmere Haven), South-Downs-Nationalpark, East Sussex, Vereinigtes Königreich

Freimut im Gebet

Eine Frau trat von hinten herzu und rührte den Saum seines Gewandes an.

Matthäus 9,20

Es war ein verzweifelter Kraftakt. Die Frau bündelte alle Reste von Energie, die nach jahrelangen Demütigungen und Enttäuschungen noch übrig waren, drängte sich durch die Menschenmenge und berührte Jesu Gewand. Vermutlich die Quaste seines Umhangs, von der sie sicher wusste, dass diese mehr als nur ein Stück Kleidung war, sondern Teil des „Tallit" oder Gebetsschals, den jeder jüdische Mann damals als Symbol für ein Leben in Gehorsam und Vollmacht trug. Vielleicht dachte sie an die Worte von Rut, ihrer Vorfahrin im Glauben, die zu Boas sagte: „Breite den Saum deines Gewandes über deine Magd, denn du bist der Löser" (Rut 3,9). In beiden Fällen war das Ergebnis das gleiche. Einmal die Worte Jesu zu der kranken Frau: „Sei getrost, meine Tochter, dein Glaube hat dir geholfen" (Matthäus 9,22). Einmal Boas zu Rut: „So will ich dich lösen, so wahr der Herr lebt" (Rut 3,13). Auch heute begegnet der Erlöser Jesus Christus denen, die am Saum seines Gewandes Zuflucht suchen.

Text: Nicola Vollkommer
Foto: Aiselin/Getty Images
Bibelvers Hebräer 4,16: NeÜ bibel.heute © Karl-Heinz Vanheiden und Christliche Verlagsgesellschaft Dillenburg

Setze ich mein Vertrauen in Zeiten der Not voll auf den Herrn? Was bedeutet „der Saum seines Gewandes" für mich?

Darum wollen wir mit Zuversicht vor den Thron unseres überaus gnädigen Gottes treten, damit wir Gnade und Erbarmen finden und seine Hilfe zur rechten Zeit empfangen. Hebräer 4,16

April

Di	Mi	Do	Fr	Sa	So	Mo	Di	Mi	Do	Fr	Sa	So	Mo	Di	Mi	Do	Fr	Sa	So	Mo	Di	Mi	Do	Fr	Sa	So	Mo	Di	Mi
1	2	3	4	5	**6**	7	8	9	10	11	12	**13**	14	15	16	17	**18**	19	**20**	**21**	22	23	24	25	26	**27**	28	29	30

18. Karfreitag; 20.+21. Ostern

Kirschbäume bei Apolda, Thüringen, Deutschland

Abraham blieb noch stehen vor dem HERRN.
Und Abraham trat näher und sprach: Willst du auch den Gerechten mit dem Gottlosen wegraffen?

1. Mose 18,22.23

Hartnäckiges Beten

Abrahams Gebet war kein halbherzig vorgetragenes Gebet, kein obligatorischer Pflichtposten am Anfang eines religiösen Treffens, auch nicht mit eleganten Formulierungen verziert. Auch keine Notmaßnahme, schnell eingeschaltet, nachdem alle anderen Optionen abgelaufen waren. Abrahams Fürbitte um die Rettung Sodoms und Gomorras war ein stundenlanges, leidenschaftliches und selbstloses Hadern, Ringen und Feilschen mit dem lebendigen Gott.

Respektvoll, voller Ehrfurcht und dennoch hartnäckig und unerbittlich liegt Abraham Gott in den Ohren, als ob es um alles ginge. Es ist der tiefe Ausdruck einer lebendigen, engen Freundschaft mit dem Allerhöchsten. „Man möchte vielleicht zehn (Gerechte) darin finden." (1. Mose 18,32). Gott lässt sich darauf ein. Tatsächlich: „Nur" zehn hätten gereicht, um sein Gericht von den Städten abzuwenden. Diese zehn werden nicht gefunden. Aber ein vorbildlicher Mann des Gebets wird gefunden, der uns den Weg zum Herzen Gottes zeigt!

Text: Nicola Vollkommer
Foto: mauritius images/AVTG/imageBROKER
Bibelvers Jeremia 29,12: NeÜ bibel.heute © Karl-Heinz Vanheiden und Christliche Verlagsgesellschaft Dillenburg

Liege ich Gott in den Ohren für die Rettung meiner Mitmenschen oder bete ich einfach Listen runter?

Wenn ihr dann zu mir ruft, wenn ihr kommt und zu mir betet, will ich euch hören. Jeremia 29,12

Denn dann wirst du mich rufen, und ich werde dir antworten.
Du wirst dich nach mir sehnen, weil du selbst mich geschaffen hast.

Hiob 14,15

Mai

Do	Fr	Sa	So	Mo	Di	Mi	Do	Fr	Sa	So	Mo	Di	Mi	Do	Fr	Sa	So	Mo	Di	Mi	Do	Fr	Sa	So	Mo	Di	Mi	Do	Fr	Sa
1	2	3	4	5	6	7	8	9	10	11	12	13	14	15	16	17	18	19	20	21	22	23	24	25	26	27	28	29	30	31

1. Maifeiertag; 29. Christi Himmelfahrt

Cottage bei Zennor, Penwith, Cornwall, Vereinigtes Königreich

Bleibt in mir, und ich in euch! Gleichwie die Rebe nicht von sich selbst aus Frucht bringen kann, wenn sie nicht am Weinstock bleibt, so auch ihr nicht, wenn ihr nicht in mir bleibt.

Johannes 15,4

Gebet als Zuhause

Wer eine Not verspürt, die Nähe Gottes zu suchen, hat die Wichtigkeit von Gebeten erfasst, befindet sich zumindest auf dem richtigen Weg. „Bleibt in mir und ich in euch!", mahnt Jesus in seinem Gleichnis vom Weinstock. Wenn Jesus der Weinstock ist und wir die Reben, dann ist Gebet der Kanal, durch den Wasser und Nährstoffe fließen. Wer Gebet nur als religiösen Ablauf versteht, erlebt es wie eine Schulaufgabe: notwendig, aber lästig. Man ist froh, wenn man es hinter sich gebracht hat und sich den wichtigen Dingen des Lebens widmen kann. Wer Gebet dagegen als Nahrungsstelle, als gedeckten Tisch, als Wasserquelle sieht, der wird beten. Gebet als Boxenstopp mitten im Rennen, als kurze Unterhaltung mit einem guten Freund, in der ich mich über Erfolge des Tages freue, Misserfolge bedauere und über sie reflektiere. Mich wenn nötig ausheule. Das gemütliche Wohnzimmer, in dem ich die Schuhe ausziehe, meinen Kittel über die Sessellehne werfe, in meinen Lieblingssessel zurücksinke und mit Gott zusammen Ereignisse Revue passieren lasse. Das ist Gebet.

Text: Nicola Vollkommer Foto: Christian Müringer/HUBER IMAGES
Bibelvers Hiob 14,15: »Hoffnung für alle © by Biblica, Inc. ®, hrsg. von Fontis«

Habe ich Lust auf Gott? Ist Gebet eine Pflichtübung oder ein Bedürfnis?

Denn dann wirst du mich rufen, und ich werde dir antworten. Du wirst dich nach mir sehnen, weil du selbst mich geschaffen hast. Hiob 14,15

O Gott, sei mir gnädig nach deiner Güte; tilge meine Übertretungen nach deiner großen Barmherzigkeit!

Psalm 51,3

Juni

So	Mo	Di	Mi	Do	Fr	Sa	So	Mo	Di	Mi	Do	Fr	Sa	So	Mo	Di	Mi	Do	Fr	Sa	So	Mo	Di	Mi	Do	Fr	Sa	So	Mo
1	2	3	4	5	6	7	**8**	**9**	10	11	12	13	14	**15**	16	17	18	19	20	21	**22**	23	24	25	26	27	28	**29**	30

8.+9. Pfingsten

O Gott, sei mir gnädig nach deiner Güte; tilge meine Übertretungen nach deiner großen Barmherzigkeit!

Psalm 51,3

Beten einfach gemacht

Ich vermute stark, dass Gott mehr Lust hat, nach uns zu suchen, als wir Lust haben, nach ihm zu suchen! Ihn muss man nicht aus der Reserve locken oder ihm gut zureden, damit er sich endlich zu Wort meldet. Wenn es eine Funkstörung gibt, dann bin ich das Problem, nicht Gott. Er ist immer da, wartet mit ausgestreckten Händen. Gebet ist unsere Antwort auf die Initiative Gottes. Gebet ist, wenn das Kind in die Arme des Vaters läuft. Wenn der Sünder um Gnade fleht. Jesus ließ sich von Höhenflügen der religiösen Rhetorik nie beeindrucken. Der reumütige Sünder mit seinem „Sei mir gnädig" hatte bei ihm bessere Karten als der gebildete Theologe mit seinen Erkenntnissen und klugen Formulierungen, getarnt als Gebet (Lukas 18,9-14), der seinen Mitmenschen zeigen will, wie geistlich er ist und wie schlau seine Urteile sind. Ein Hoch auf den Sünder, der mit seiner schlichten Bitte um Gottes Erbarmen die Gunst Gottes auf sein Leben zieht. Gebet ist eine Beziehung, keine Pflichtübung.

Versuche ich, Gott und andere mit meinen Gebeten zu beeindrucken, oder komme ich demütig vor den Herrn?

Ich bin gesucht worden von denen, die nicht nach mir fragten; ich bin gefunden worden von denen, die mich nicht suchten.
Jesaja 65,1

Wenn ich erwache, so bin ich immer noch bei dir!

Psalm 139,18

Juli

Di	Mi	Do	Fr	Sa	So	Mo	Di	Mi	Do	Fr	Sa	So	Mo	Di	Mi	Do	Fr	Sa	So	Mo	Di	Mi	Do	Fr	Sa	So	Mo	Di	Mi	Do
1	2	3	4	5	6	7	8	9	10	11	12	13	14	15	16	17	18	19	20	21	22	23	24	25	26	27	28	29	30	31

South West Coast Path (Fernwanderweg), Wheal Coates, St. Agnes Head, Cornwall, Vereinigtes Königreich

Denn wovon das Herz voll ist, davon redet der Mund.

Matthäus 12,34

Gott im Alltag

Ich bin auf die Menschen neidisch, die einen geregelten Tagesablauf haben, in den sie eine feste Gebetszeit einbauen können. Ich möchte es auch so versuchen. Bis mein Leben mehr Struktur hat, löse ich das Problem dadurch, dass ich Gott bewusst in all das einklinke, was sowieso lebensbedingt durch meine Seele treibt. Ich beteilige ihn an meinem inneren Kopfkino. So bekommen meine Gebete Emotionen, sie „geschehen" einfach. Schmerz und Mangel werden in Gebete verwandelt: Sorge um Menschen, die mir wichtig sind und die in Krisen stecken. Die Freundin, die schwer krank ist. Der Jugendliche, der gerade Liebeskummer hat oder sein Abitur schreibt. Die Mitarbeiterin, die unter Burnout leidet und jetzt keine Lust mehr auf Gemeinde hat. Meine Kinder, Enkelkinder, mein Ehemann, meine Verwandten. Aus der Fülle des Herzens spricht der Mund, weint das Auge. Das ist Gebet. Eine Voraussetzung aber gibt es: Um in einen Dialog mit Gott zu treten, muss ich ihn kennen. Wissen, wie er denkt und fühlt, viel in seinem Wort lesen.

Text: Nicola Vollkommer
Foto: zagzig/123rf.com

Was sind meine Wege in die Nähe Gottes mitten im vollen Alltag? Liebe ich sein Wort?

Wenn ich erwache,
so bin ich immer noch bei dir!
Psalm 139,18

Wo zwei oder drei in meinem Namen versammelt sind,
da bin ich in ihrer Mitte.

Matthäus 18,20

August

Fr	Sa	So	Mo	Di	Mi	Do	Fr	Sa	So	Mo	Di	Mi	Do	Fr	Sa	So	Mo	Di	Mi	Do	Fr	Sa	So	Mo	Di	Mi	Do	Fr	Sa	So
1	2	**3**	4	5	6	7	8	9	**10**	11	12	13	14	15	16	**17**	18	19	20	21	22	23	**24**	25	26	27	28	29	30	**31**

Chiemsee, Chiemgau, Bayern, Deutschland

Wo zwei oder drei in meinem Namen versammelt sind, da bin ich in ihrer Mitte.

Matthäus 18,20

Gemeinsam beten

Es gibt ein Treffen in der Woche, auf das ich ungern verzichte, und das seit sage und schreibe 35 Jahren. Und das ist das Gemeinde-Gebetstreffen vor dem Sonntagsgottesdienst. Es geht eine Dreiviertelstunde, und die Zusammensetzung ist jede Woche anders, bis auf den treuen Kern, der immer da ist. Es gibt etliche andere Gebetstreffen, Sondergebetstage am Beginn jeden Jahres oder in Zeiten besonderer Not, bei denen ich auch sehr gerne dabei bin. Aber eine regelmäßige Gebetszeit mit anderen zusammen ist für mich unverzichtbar. Dort lerne ich Konzentration, Zuhören, Geduld, wenn es sich mühsam anfühlt. Wir werfen das Netz weit aus, d. h. wir beten nicht nur für den eigenen Gottesdienst, sondern auch für Gottesdienste landesweit, für unsere verfolgten Geschwister, für die Jugend und die Kinder unseres Landes, für neue Aufbrüche im Leib Christi, für die Kranken in unserer Mitte. Ein „Rundumschlag"! Dort lerne ich, nicht meine Meinung zu beten, sondern mich nach Gottes Meinung auszustrecken.

Text: Nicola Vollkommer
Foto: Cornelia Dörr/HUBER IMAGES

Bete ich mit Glaubensgeschwistern zusammen? Soll ich mir vornehmen, in ein Gebetstreffen zu gehen?

Und jeden Tag waren sie beständig und einmütig im Tempel und brachen das Brot in den Häusern.
Apostelgeschichte 2,46

Denn dein ist das Reich und die Kraft
und die Herrlichkeit in Ewigkeit!

Matthäus 6,13

September

Mo	Di	Mi	Do	Fr	Sa	So	Mo	Di	Mi	Do	Fr	Sa	So	Mo	Di	Mi	Do	Fr	Sa	So	Mo	Di	Mi	Do	Fr	Sa	So	Mo	Di
1	2	3	4	5	6	**7**	8	9	10	11	12	13	**14**	15	16	17	18	19	20	**21**	22	23	24	25	26	27	**28**	29	30

Polen

Du aber, wenn du betest, geh in dein Kämmerlein und schließe deine Türe zu und bete zu deinem Vater, der im Verborgenen ist; und dein Vater, der ins Verborgene sieht, wird es dir öffentlich vergelten.

Matthäus 6,6

Das Vaterunser

Jesu Freunde wollten Gott auf die gleiche Weise begegnen, wie Jesus es getan hat. Das Ergebnis ist das berühmteste Gebet aller Zeiten, das Vaterunser. Sogar die Männer, die tagaus und tagein drei Jahre lang mit Jesus zusammen waren und nach seiner Himmelfahrt die Welt auf den Kopf stellten, waren nicht auf Anhieb eifrige Beter. Jesus betet ihnen vor und hilft ihnen auf die Sprünge: „Unser Vater im Himmel! Dein Name werde geheiligt …" Dieses Gebet ist nicht als festgefahrene Liturgie gedacht, sondern als Vorlage, als Beispiel, wie man beten kann. Die Reihenfolge der Gebetselemente ist interessant. Wir kommen als Gemeinschaft in seine Gegenwart – *„unser* Vater". Das Gebet beginnt mit ihm und seinem Reich. „Dein Reich komme, dein Wille geschehe." Es geht nicht um uns, sondern um ihn und seine Herrschaft. Wir und unsere Bedürfnisse kommen erst danach. Vergebung, das tägliche Brot, Bewahrung vor Versuchung. Das Gebet endet dort, wo es begonnen hat. Mit seinem Reich.

Text: Nicola Vollkommer
Foto: Jan Wlodarczyk/HUBER IMAGES

Sind meine Gebete gottzentriert oder geht es nur um mich und meine Bedürfnisse?

Denn dein ist das Reich und die Kraft und die Herrlichkeit in Ewigkeit! Amen.
Matthäus 6,13

Ich setze meine ganze Hoffnung auf dein rettendes Wort.

Psalm 119,81

Oktober

Mi	Do	Fr	Sa	So	Mo	Di	Mi	Do	Fr	Sa	So	Mo	Di	Mi	Do	Fr	Sa	So	Mo	Di	Mi	Do	Fr	Sa	So	Mo	Di	Mi	Do	Fr
1	2	3	4	**5**	6	7	8	9	10	11	**12**	13	14	15	16	17	18	**19**	20	21	22	23	24	25	**26**	27	28	29	30	31

3. Tag der Deutschen Einheit

Dartmoor-Nationalpark, Devon, Vereinigtes Königreich

Ach siehe, ich habe es gewagt, mit meinem HERRN zu reden.

1. Mose 18,31

Diskutieren mit Gott

Darf man mit Gott diskutieren? Es kommt darauf an wie. Kain ist verbittert, trotzt Gott ins Gesicht und wird bestraft (1. Mose 4,16). Als Abraham mit dem Schicksal von Sodom und Gomorra hadert, lässt sich Gott auf einen Wortwechsel ein. Wenn nur zehn gerechte Menschen in den Städten gefunden werden, werden sie verschont (1. Mose 18,32). Abraham kämpft nicht für die eigenen Interessen, sondern um die Rettung anderer – das ist der Unterschied zu Kain. Mose fleht um das Überleben seines Volkes und bittet Gott, ihn zu strafen und das Volk zu schonen (2. Mose 32,32). Paulus macht das Gleiche im Neuen Testament. Diese Art von Gebet stößt bei Gott auf offene Ohren, diese Männer schreiben Geschichte – auch wenn, wie bei Abraham, das Gebet nicht in ihrem Sinne erhört wird. Auch Jesus hadert mit Gott. „Mein Vater, ist's möglich, so gehe dieser Kelch an mir vorüber" (Matthäus 26,39). Aber er bleibt dabei nicht stehen. Er ringt sich zum alles entscheidenden Schlusssatz durch: „Doch nicht wie ich will, sondern wie du willst."

Text: Nicola Vollkommer
Foto: mauritius images/Alamy Stock Photos/Photo Central

Was kann ich von Abraham, Mose und Paulus lernen für die Art, wie ich bete?

Ich setze meine ganze Hoffnung auf dein rettendes Wort.
Psalm 119,81

Alle, die ihre Hoffnung auf den HERRN setzen, bekommen neue Kraft.

Jesaja 40,31

November

Sa	So	Mo	Di	Mi	Do	Fr	Sa	So	Mo	Di	Mi	Do	Fr	Sa	So	Mo	Di	Mi	Do	Fr	Sa	So	Mo	Di	Mi	Do	Fr	Sa	So
1	**2**	3	4	5	6	7	8	**9**	10	11	12	13	14	15	**16**	17	18	19	20	21	22	**23**	24	25	26	27	28	29	**30**

Blick vom Kurplatz vor dem Kurhaus Binz auf die Seebrücke, Rügen, Mecklenburg-Vorpommern, Deutschland

Mein Mund hat sich weit aufgetan wider meine Feinde, denn ich freue mich in deinem Heil.

1. Samuel 2,1

Warten auf Gott

Gebete, die scheinbar auf taube Ohren stoßen: Gott scheint zu schweigen, lässt auf sich warten oder sagt sogar „Nein". Wie bei der kinderlosen Hanna. Das ultimative Glück einer Frau war es damals, einen Sohn zu gebären. Kinderlosigkeit galt als Fluch. Bei Hanna bekommen wir besonders stark den Schmerz zu spüren, den Kinderlosigkeit im Leben einer Frau damals auslöste. Irgendwann brennt die letzte Sicherung durch, Hanna flüchtet in die Stiftshütte und schüttet ihr Leid vor dem Herrn aus (1. Samuel 1) – so energisch, dass der Priester Eli sie für betrunken hält. Vermutlich will Gott mehr tun, als Hanna einen Sohn zu schenken. Er will in ihr selbst etwas bewirken. Als sie die Stiftshütte wieder verlässt, spielt ein Lächeln um ihren Mund. Sie hat wieder Appetit (1. Samuel 1,18). Ihr Dankesgebet nach der Geburt von Samuel (1. Samuel 2) zeigt, wie tief ihr Gottvertrauen ist. Gott hat sich wahrhaftig genau die richtige Frau als Mutter für einen mächtigen Propheten ausgesucht. Eine Frau des Gebets.

Text: Nicola Vollkommer   Foto: Walter G. Allgöwer/HUBER IMAGES
Bibelvers Jesaja 40,31: »Hoffnung für alle © by Biblica, Inc. ®, hrsg. von Fontis«

Was habe ich in Wartezeiten gelernt, in denen Gott mein Gebet nicht erhört hat? Oder nicht so, wie ich es wollte?

Alle, die ihre Hoffnung auf den HERRN setzen, bekommen neue Kraft. Sie sind wie Adler, denen mächtige Schwingen wachsen.
Jesaja 40,31

Meine Seele verlangte und sehnte sich nach
den Vorhöfen des HERRN; nun jubeln
mein Herz und mein Leib
dem lebendigen Gott zu!

Psalm 84,3

Dezember

Mo	Di	Mi	Do	Fr	Sa	So	Mo	Di	Mi	Do	Fr	Sa	So	Mo	Di	Mi	Do	Fr	Sa	So	Mo	Di	Mi	Do	Fr	Sa	So	Mo	Di	Mi
1	2	3	4	5	6	**7**	8	9	10	11	12	13	**14**	15	16	17	18	19	20	**21**	22	23	24	**25**	**26**	27	**28**	29	30	31

25.+26. Weihnachten

Stavanger, Rogaland, Norwegen

Sein (Moses) Diener Josua, der Sohn Nuns, der junge Mann, wich nicht aus dem Inneren des Zeltes.

2. Mose 33,11

Der entscheidende Weg

Josua, der mutigste Kämpfer der Geschichte Israels, findet den Weg in die Nähe Gottes und bleibt gleich dort. Stundenlang. Seine Vorbereitung auf den spektakulären Einzug der Israeliten ins verheißene Land findet nicht auf den Waffenübungsplätzen einer Militärakademie statt, sondern im Zelt der Begegnung mit seinem Gott. Die Zeit, die er mit Gott verbringt, ist wichtiger als alle militärischen Strategien. Später, mitten in der Hitze des Gefechts, ist diese Beziehung die Kraft, die ihn befähigt, auszuharren und nach Niederlagen wieder aufzustehen (Josua 1,2-8; 7,6-10). So viel Reden und Eingreifen Gottes wie im Buch Josua erleben wir sonst selten in der Bibel. Egal, was unsere Lebensaufgaben sind – ob zu Hause als Mutter und Hausfrau, ob in einer Firma, in der Schule, in der Pflege, als Topmanager oder Bürofachkraft. Unser Schicksal wird an einem Ort entschieden: im „stillen Kämmerlein" (Matthäus 6,5-15), auf den Knien vor dem Herrn. Der Weg in die Nähe Gottes entscheidet unser Schicksal!

Ist der Weg in die Gegenwart Gottes auch für mich der wichtigste Weg?

Meine Seele verlangte und sehnte sich nach den Vorhöfen des Herrn; nun jubeln mein Herz und mein Leib dem lebendigen Gott zu!

Psalm 84,3